저자 소개

글 사회평론 역사연구소
오랫동안 어린이 교육과 역사 콘텐츠를 연구한 전문가들이 모여, 우리 아이들이 쉽고 재미있게 공부할 수 있는 책을 만들고 있어요. 《용선생의 시끌벅적 한국사》, 《용선생 교과서 한국사》, 《용선생 처음 세계사》, 《교양으로 읽는 용선생 세계사》 등을 쓰고 펴냈어요.

김형겸 | 사회평론 역사연구소 연구원
고려대학교 역사교육과를 졸업하고, 초등학교, 중학교 아이들에게 역사를 가르쳤어요.

김선빈
고려대학교 국어국문학과를 졸업하고, 국어·사회과, 역사와 관련된 다양한 교육 프로그램과 콘텐츠를 개발했어요.

김선혜
고려대학교 사학과를 졸업하고, 여러 회사에서 콘텐츠 매니저, 기획 업무를 담당했습니다. 누구나 쉽고 재밌게 읽을 수 있는 역사책을 쓰는 것이 꿈입니다.

그림 강신영
1995년 만화계에 입문하여 2007년까지 무협 만화를 그렸어요. 2007년 《태왕사신기》 작품을 시작으로 현재까지 어린이를 위한 학습 만화를 그리고 있지요. 대표작으로 《Why?》 시리즈와 《용선생 만화 한국사》 등을 그렸어요.

자문·감수 유상현
독일 여행 전문가예요. 《프렌즈 독일》(중앙북스), 《유피디의 독일의 발견》, 《뮌헨 홀리데이》(이하 꿈의 지도) 등 다양한 여행 서적을 썼어요. 글과 강연으로 독일의 흥미로운 매력을 소개하고 독일 여행을 돕는 일을 하고 있어요.

캐릭터 이우일
홍익대학교에서 시각디자인을 공부했어요. 《우일우화》, 《고양이 카프카의 고백》, 《용선생의 시끌벅적 한국사》, 《교양으로 읽는 용선생 세계사》 등을 그렸어요.

용선생이 간다

세계 문화 여행 · 5

글 사회평론 역사연구소 | 그림 강신영 | 자문·감수 유상현 | 캐릭터 이우일

 독일

사회평론

차례

1일 프랑크푸르트

**곽두기,
독일 소시지를 맛보다!** 11

용선생의 스페셜 가이드
박람회의 나라, 독일 18

2일 하이델베르크

**나선애, 철학자의 길에서
생각에 잠기다!** 21

용선생의 스페셜 가이드
독일을 빛낸 위인들 30

3일 본/쾰른

**장하다,
초콜릿 분수에 달려들다!** 33

용선생의 스페셜 가이드
알면 알수록 더 매력 있는 쾰른 42

4일 함부르크

**허영심,
생선 버거에 도전하다!** 45

용선생의 스페셜 가이드
독일 사람들의 휴가 52

5일 베를린

**나선애,
클래식 공연에 푹 빠지다!** 55

용선생의 스페셜 가이드
젊음으로 붐비는 도시, 베를린 64

6일 베를린

**왕수재, 베를린이 갈라졌던
자리에 서다!** 67

용선생의 스페셜 가이드
미션, 베를린 장벽을 넘어라! 76

7일 드레스덴

**곽두기, 드레스덴에서
끝없이 긴 벽화를 만나다!**   79

용선생의 스페셜 가이드
독일의 어두운 과거, 제2차 세계 대전   86

8일 뮌헨

**허영심,
아름다운 왕관에 눈이 멀다!**   89

용선생의 스페셜 가이드
전격 해부, 독일인의 식탁!   98

9일 뮌헨

**장하다, 독일 축구 경기에
열광하다!**   101

용선생의 스페셜 가이드
세계적인 축제, 옥토버페스트   110

10일 바이에른 남부

**왕수재, 독일에서
가장 높은 곳에 오르다!**   113

용선생의 스페셜 가이드
모르고 지나가면 아쉬운 독일의 도시들   120

퀴즈로 정리하는 독일   124

정답   126

용선생
천재적인 가이드!
처음 가보는 여행
걱정되지?
이 용선생이
다 알아서 할게!

나선애
일정 짜기의 여왕~
우아, 갈 곳이
너무너무 많아!
다들 부지런히
움직여야 해!

장하다
나는 뭐든지 잘 먹지!
독일에 가면 소시지를
잔뜩 먹을 거야!

허영심
멋진 장소를 속속들이
찾아낼 거야!
나에게 어울리는
아름다운 궁전도 있겠지?

왕수재
외국어는
나에게 맡겨~
독일어도 금방
마스터할 거야!

곽두기
순간 포착의 귀재!
히히, 형, 누나들!
사진은 나한테 맡겨!

나도 같이
여행할 거야!
꼭꼭 숨어 있는
나를 찾아 봐!

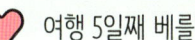
♥ 여행 5일째 베를린에서

독일 일주 코스를 소개합니다~

"곧 함부르크에 도착한다!"

"프랑스, 네덜란드, 벨기에, 오스트리아……. 독일 주변에 붙어 있는 나라가 정말 많은데?"

"독일에선 유럽 어디로든 떠나기 좋겠어!"

영국
네덜란드
벨기에
룩셈부르크
프랑스

✓ 3일 쾰른 대성당 올라가기

✓ 2일 철학자의 길에서 산책하기

나선애의 간단 정리!

- **나라 이름:** 독일연방공화국(Bundesrepublik Deutschland)
- **면적:** 약 36만 제곱킬로미터(한반도의 약 1.6배)
- **인구:** 약 8,325만 명(2024년 기준) **수도:** 베를린(Berlin)

여행을 가면 역시 맛있는 음식을 많이 먹게 되지! 음식을 먹고 나서 맛있으면 '레커(Lecker)'라고 말하면 돼. 으음~ 레커!

토막 회화 한마디!

감사 인사를 할 때가 더 많을걸? 도움 받을 일이 많으니까! 그럴 땐 '당케 쇤(Danke Schön)'이라고 하면 돼~

곽두기, 독일 소시지를 맛보다!

📍프랑크푸르트 — 프랑크푸르트 공항 ▸ 뢰머 광장 ▸ 괴테 하우스 ▸ 마인강 유람선

독일의 관문 프랑크푸르트

어젯밤, 프랑크푸르트 공항에 도착했어! 어휴, 12시간이나 비행기 안에 있었더니 온몸이 쑤시지 뭐야. 바깥에 나와선 몸을 쭉쭉 펴 주었지. 으쌰! 그런데 주변을 둘러보니 사람들이 정말 많았어.

"이것 봐! 세계 곳곳에서 비행기가 날아오나 봐!"

커다란 안내판에는 비행기와 도시 이름들이 가득했어.

독일에 오려면 일단 프랑크푸르트로 와야 하나 봐!

왜 수도 베를린이 아니라 프랑크푸르트부터 갔나요?

▶ 프랑크푸르트는 독일 교통의 중심지거든. 세계 곳곳에서 독일로 가는 비행기는 대부분 프랑크푸르트에 도착해!

아침 일찍 프랑크푸르트 시내로 나갔어. 첫 목적지는 뢰머 광장!
아주 오래돼 보이는 집들이 광장 주변을 둘러싸며 우뚝 서 있었지.
마치 오랜 옛날로 돌아간 듯한 기분이었어.
"예쁘지? 이 집들은 모두 지어진 지 수백 년은 됐단다."
영심이 누나가 이렇게 예쁜 곳은 그냥 지나가면 안 된다며
다 같이 기념사진을 찍자고 했어.
귀찮다고 툴툴대던 수재 형까지 모두 모여서, 김~치!

오스트차일레
뢰머 광장을 둘러싸고 있는 아기자기한 목조 건물들이야.

타이머를 설정하면 다 같이 찍을 수 있겠지?

여기엔 누가 살았어요?

돈 많은 상인들이 살던 집이란다.

대충 빨리 찍자~

프랑크푸르트는 얼마나 오래된 도시인가요?

▶ 프랑크푸르트는 약 1,200년 전부터 독일의 주요 도시로, 상업이 발달한 곳이었어. 황제가 대관식을 치르던 곳이기도 해.

독일을 대표하는 세계적인 작가 괴테

선생님은 광장에서 작은 골목길로 접어들더니, 갑자기 웬 집에 들어가셨어.

엥? 여긴 어디에요? 아는 사람의 집인 걸까?

"하하. 여기는 괴테 하우스야. 괴테가 살던 집이지!"

괴테는 독일을 대표하는 세계적인 작가래.

집 안에는 오래된 가구와 장식품들이 많았지. 괴테의 책상과 식탁도 있었어!

흐음, 그런데 괴테가 무슨 작품을 썼어요, 선생님?

 괴테의 대표작은 무엇인가요? ▶ 〈파우스트〉, 《젊은 베르테르의 슬픔》이 괴테의 대표작이야. 이외에도 소설부터 시까지 다양한 작품을 남겼지.

독일 전통 소시지 **부어스트**

"으, 선생님. 더 이상 못 참아요. 이제 밥 먹으러 가요!"
점심때가 되자 하다 형이 툴툴거렸어.
우리는 바로 가까운 음식점으로 갔지. 하다 형이 독일 하면 역시 소시지라고 해서 소시지를 시켰어. 오~ 그 말이 맞았네!
한국에서 먹던 소시지보다 훨씬 맛있는 거 있지?
오동통한 소시지로 배를 채웠더니 다시 여행할 힘이 솟아났어. 히힛~

독일의 소시지 부어스트

독일에서는 소시지를 어떻게 먹어요?
▶ 독일에서는 주로 소시지에 감자 요리를 곁들여서 먹어. 감자볶음, 감자튀김, 감자샐러드 등 종류가 다양하지.

유럽의 중심 프랑크푸르트

해가 저물 무렵 강변에서 유람선을 탔어.

먼 곳으로 하늘을 찌를 듯 높은 건물들이 우뚝 솟아 있었지.

"우아~ 저 건물들은 다 뭐예요?"

선생님이 그러는데 프랑크푸르트에는 세계적인 은행과 기업들이 많대.

프랑크푸르트는 유럽 경제와 교통의 중심지라서,

유럽 전체의 경제를 관리하는 은행도 여기 있다지 뭐야!

조명으로 빛나는 빌딩 숲의 모습도 제법 멋있는걸?

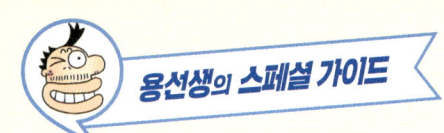

박람회의 나라, 독일

독일은 세계적인 박람회가 많이 열리는 나라야.
박람회는 새로 나온 제품을 사람들에게 소개하는 행사인데,
독일의 여러 도시에서 멋진 박람회들이 열리며 세계인들의 발길을 끌어모으지.
여기 프랑크푸르트도 일 년 내내 다양한 박람회가 열리기로 유명하단다.
그럼 독일에는 어떤 박람회가 열리는지 같이 알아보자!

프랑크푸르트 도서전

세계에서 가장 규모가 큰 도서 박람회야. 전 세계의 다양한 책을 한 자리에서 볼 수 있는 행사지!
매년 10월에 5일 동안 열리는데, 전 세계 각국에서 온 7천여 개의 회사가 참여한단다.
도서전이 열릴 때면 매년 30만 명이 넘는 사람들이 프랑크푸르트를 찾지.

뮌헨 모터쇼

세계 3대 자동차 박람회 중 하나로 꼽히는 행사야. 2년에 한 번씩 9월에 열리는데, 세계 여러 회사들이 만든 새로운 차들을 볼 수 있단다. 최근에는 친환경 전기차와 스스로 움직이는 자율주행차들을 많이 선보이고 있지.
예전에는 프랑크푸르트에서 열렸는데 이제는 자리를 옮겨 뮌헨에서 열릴 예정이야.

뉘른베르크 완구 박람회

세계에서 가장 큰 장난감 박람회야. 전 세계 온갖 장난감을 만날 수 있어. 2,800여 개의 장난감 회사들이 모여 100만 개나 되는 장난감들을 전시하거든! 인형부터 로봇, 블록, 퍼즐 등 온갖 장난감이 가득한데, 직접 만지며 갖고 놀 수도 있다니 정말 재밌겠지?

쾰른 게임스컴

세계에서 손꼽히는 게임 박람회야. 매년 8월에 열리는데, 매년 수십만 명이 찾는다고 해. 전 세계에서 찾아온 게임 회사들이 저마다 최신 게임을 소개하는데, 관람객들은 게임을 직접 체험할 수도 있어!
게임 캐릭터 코스프레 쇼와 게임 대회도 열리니 게임을 좋아하는 사람한테는 최고의 박람회일 거야.

베를린 국제 가전 박람회

세계에서 가장 큰 가전제품 박람회 중 하나야. 매년 9월, 베를린에서 열려. 세계적인 기업들이 저마다 최신 가전제품들을 내놓는단다. 앞서간 미래 기술을 가장 먼저 선보이는 곳이기도 해. 세계 최초의 컬러TV와 MP3 플레이어도 이곳에서 처음 공개됐지!

미로 찾기

프랑크푸르트 중앙역에서 하이델베르크로 가려고 해.
하이델베르크로 가는 올바른 기찻길을 찾아줄래?

나선애, 철학자의 길에서 생각에 잠기다!

📍 하이델베르크

하이델베르크성 ▶ 카를 테오도어 다리 ▶ 철학자의 길 ▶ 하이델베르크 대학교 ▶ 학생 감옥

📍 유서 깊은 학문의 도시 하이델베르크

어제는 밤늦게 하이델베르크에 도착했어.

잠을 자야 했지만, 한국에선 일찍 일어나던 시간이라

오히려 잠이 달아나는 거야. 힝~

그래서 잠이 오길 기다리며 하이델베르크에 대한 여행책을 읽기 시작했지.

"하이델베르크 대학이 독일에서 가장 오래된 대학이구나?"

게다가 독일에서 가장 많은 노벨상 수상자가 나온 대학이기도 하대!

작은 도시에 정말 대단한 대학이 있는걸?

 독일이 밤일 때 한국은 왜 아침인가요? ▶ 8시간의 시차가 나기 때문이야. 독일이 밤 11시면 한국은 아침 7시지!

아침 일찍 길을 나섰어. 오래 지나지 않아, 눈앞에 커다란 성이 나타났지!
여기는 하이델베르크성이래. 와~ 은은한 붉은색이 꽤 분위기 있는데?
"멋지지? 그런데 이 성은 꽤 오랫동안 폐허로 남아 있었어."
알고 보니 하이델베르크성은 이미 400년 전에 전쟁으로 완전 폐허가 됐었대.
그런데 복원을 열심히 해서 지금처럼 멋진 모습이 되었다고 해.
다행이다! 하마터면 이렇게 멋진 성을 못 볼 수도 있었겠네!

지금도 남아 있는 부서진 성벽

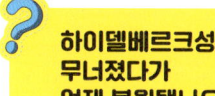 하이델베르크성은 무너졌다가 언제 복원됐나요?

▶ 하이델베르크성은 종교적 갈등으로 빚어진 전쟁인 30년 전쟁(1618년~1648년) 이후 200년 넘게 폐허로 남아 있었어. 1890년에 들어서야 복원 작업이 완료됐지.

"건물 안에 재밌는 물건이 있는데 보러 가자!"

재미난 물건? 선생님을 따라 지하로 내려가자, 엄청나게 거대한 나무통이 있었어.

이건 세계에서 가장 큰 와인 통이래!

이걸 만든 사람은 술을 얼마나 좋아한 걸까? 계단을 타고 와인 통 위에 올라갈 수도 있었어. 장하다는 통 안에 콜라가 잔뜩 들어있으면 좋겠다고 하더라고.

쯧쯧~ 그러다 이 다 썩지!

하이델베르크성의 와인 통은 얼마나 큰가요?

▶ 높이가 약 8미터, 폭은 약 7미터나 된단다. 무려 22만 리터의 와인을 보관할 수 있다고 해.

성에서 내려오니까 다리가 아팠어. 좀 쉬면 좋겠는데~
선생님이 그럴 줄 알았다며, 강에서 유람선을 타자고 하셨지.
"와아, 멀리서 성을 보니까 더 멋있는데?"
영심이가 연신 감탄했어. 정말 강 위에서 본 풍경은 제법 운치 있었어.
돌다리와 하이델베르크성이 어울린 모습이 꼭 한 폭의 그림 같았거든!
다들 이 멋진 풍경을 보려고 하이델베르크에 오나 봐~

카를 테오도어 다리
하이델베르크를 흐르는 네카어강의 다리야. 예로부터 하이델베르크로 들어오는 대문 같은 역할을 했지.

아휴~ 강바람이 꽤 세구나.

영심아~ 바람 쐬는 재미로 유람선을 타는 거야.

헤, 너도 유람선 몇 번 안 타봤으면서~

하이델베르크에는 얼마나 많은 사람들이 찾아오나요?
▶ 매년 약 천만 명의 관광객이 하이델베르크를 방문한다고 해.

철학자의 길

이번에는 좁고 경사가 가파른 골목길에 도착했어.
"선생님, 설마 이 길을 올라가야 하는 건 아니죠?"
선생님은 씨익 웃음을 지으며 맞다고 하셨어.
하이델베르크에 왔으면 철학자의 길은 꼭 걸어야 한다는 거야.
철학자의 길? 알고 보니 이 산책길의 이름이래.
독일의 대표적인 철학자들이 이 길을 산책하면서
생각에 잠기곤 해서 붙은 이름이라나!
음, 그렇다면 걸어보는 것도 나쁘지 않겠는걸?

우리는 조용히 길을 걸었어. 헉헉!

그리 오래 지나지 않아 모두들 금방 쓰러질 것처럼 숨을 헐떡였지.

그런데 그렇게 걷다 보니, 정말 잡생각도 사라지고 편안해지는 거 있지?

"얘들아. 이제 도착했다!"

선생님과 친구들은 곳곳에 앉아 숨을 몰아쉬었지.

강 건너 하이델베르크의 풍경을 바라보는데 나도 모르게 생각에 빠져들었어.

이 길이 이래서 철학자의 길이구나~

어떤 사람들이 철학자의 길을 산책했나요?

▶ 독일의 세계적인 작가 괴테를 비롯한 수많은 시인과 철학자들이 걸었던 산책로야. 대표적인 철학자로는 칸트, 헤겔, 야스퍼스, 하이데거 같은 사람들이 있지.

"선생님, 저녁은 든든하게 먹어요!"

우리가 간 곳은 하이델베르크 대학의 학생 식당이었어!

학생 식당이지만 대학생 언니, 오빠들 말고 우리 같은 관광객도 꽤 많았지.

접시에 담은 음식의 무게대로 가격을 매기는 식당이라 먹고 싶은 재료를

마음껏 고를 수 있었어. 나는 몸에 좋은 채소를 듬뿍 담았지! 헤헤.

관광객들이 왜 학생 식당에서 밥을 먹나요?

▶ 하이델베르크 대학은 독일 최고의 대학이야. 그래서 관광객들도 많이 방문하지. 학생 식당은 저렴해서 관광객에게 인기가 많아.

학생 식당에서 나와 골목길 안에 있는 건물로 향했어. 안으로 들어서자 사방이 낙서로 가득한 거 있지? 낙서들은 무척 오래돼 보였어.
"여긴 학생 감옥이란다. 말썽 부리는 학생들을 가둬 두는 곳이었지."
선생님이 그러는데 소란을 피우거나 다툼을 벌인 학생들이 갇혔다고 해.
헤헤, 그럼 나는 여기 갇힐 일은 없겠군!
장하다랑 왕수재는 왠지 겁먹은 표정인데?

 **학생 감옥에 갇히면 학교 수업은 안 들어도 되나요?** ▶ 학생 감옥에 갇혀도 수업을 들을 때는 감옥 밖으로 나갔어. 대신 수업이 끝나면 다시 감옥으로 돌아와야 했지.

독일을 빛낸 위인들

독일에서는 세계사에 이름을 남긴 뛰어난 사람들이 정말 많이 나왔어.
다양한 분야에서 중요한 업적을 남겨 우리에게도 익숙한 사람들이 많지.
그럼 어떤 사람들이 있는지 함께 살펴보도록 할까?

**요하네스 구텐베르크
(1398년경~1468년)**
책을 대량으로 인쇄할 수 있는 '금속 활자'를 발명한 사람이야. 덕분에 누구나 쉽게 책을 만들 수 있게 되었지.

**요한 제바스티안 바흐
(1685년~1750년)**
독일의 대표적인 음악가야. '무반주 첼로 모음곡', 'G선상의 아리아' 등 수많은 명곡을 만들어서 '음악의 아버지'라 불리지.

이마누엘 칸트 (1724년~1804년)
오랜 역사를 가진 서양 철학을 종합한 인물이야. 200여 년이 흐른 오늘날까지도 영향을 끼치고 있을 만큼 대단한 철학자지.

마르틴 루터 (1483년~1546년)
부패한 성직자를 비판하며 종교 개혁을 주장한 크리스트교 신학자야. 루터의 개혁으로 개신교가 새롭게 만들어졌지.

그림 형제
(야코프 그림 1785년~1863년, 빌헬름 그림 1786년~1859년)
독일의 옛이야기들을 모아서 동화책을 만든 인물이야. 우리가 잘 아는 백설공주, 신데렐라, 빨간 모자 이야기가 바로 그림 형제가 만든 동화집에 실린 작품이지.

카를 마르크스
(1818년~1883년)
자본주의를 비판하며 사회주의 이론을 만들어 낸 사상가야. 마르크스의 사회주의 이론에 따라 실제로 사회가 변화하고 새로운 나라가 나타나기도 했지.

카를 프리드리히 가우스
(1777년~1855년)
다양한 수학 분야에서 뛰어난 업적을 남겨서 '수학의 왕자'라고 불리는 인물이야. 말을 배우기도 전에 계산부터 할 정도로 수학 천재였대!

알베르트 아인슈타인
(1879년~1955년)
현대 과학을 대표하는 과학자야. 특히 '상대성 이론'을 통해 시간과 공간의 개념을 바꾸고 핵무기를 만드는 데도 영향을 주었지.

숨은 그림 찾기

하이델베르크성에서 다 같이 사진을 찍었어.
사진 속에 **이상한 물건들**이 보이네?
모두 5개야. 숨은 물건들을 전부 찾아볼까?

찾아야 할 물건 : 연필, 팽이, 리코더, 삼각자, 뚫어뻥

3일

장하다, 초콜릿 분수에 달려들다!

본 구시청사 ▶ 뮌스터 광장 ▶ 라인강 유람선 ▶ 쾰른 대성당 ▶ 임호프 초콜릿 박물관

서독의 수도였던 도시 본

독일에서의 셋째 날! 우리는 열차를 타고 '본'이라는 도시에 도착했어.

그런데 작고 조용한 도시라서 특별히 볼 건 없어 보이는데? 여긴 왜 온 걸까?

"평범한 도시처럼 보이지?

그런데 예전엔 본이 독일에서 꽤 중요한 도시였단다."

알고 보니 독일도 한때는 우리나라처럼 두 나라로 갈라져 있었대.

그런데 그때는 본이 수도 역할을 했다는 거야.

와, 작고 평범한 도시라고 생각했는데 대단한 곳이었네!

독일은 몇 년 동안 갈라져 있었나요? ▶ 독일은 1949년에 동독과 서독으로 갈라졌어. 당시 동독의 수도는 베를린, 서독의 수도는 본이었어. 독일은 41년이 지난 1990년에 통일을 이루었지.

독일의 세계적인 음악가 **베토벤**

본 시청 건물에서 조금 걷다 보니 동상이 우뚝 서 있는 뮌스터 광장이 나타났어.

앗, 동상에 글씨가 써 있네?

수재가 동상에 적힌 글귀를 더듬더듬 읽었지.

"루트비히 판 베토벤, 본에서 태어났다~ 오잉, 베토벤!?"

오옷? 유명한 음악가, 베토벤이 본에서 태어났구나!

선생님이 그러는데 본에는 베토벤이 태어나고 자란 집도 남아있다고 해.

음, 재밌긴 한데 이제 그만 밥 먹으면 안될까요~?

루트비히 판 베토벤 (1770년~1827년)

베토벤의 음악을 독일에서 들어볼 수 있을까?

크흠…. 뒤에 글씨는 모르겠네.

베토벤이 누군데?

선생님, 이제 점심 먹어요~

❓ 베토벤은 어떤 곡을 작곡했나요?
▶ 무척 많아. 베토벤이 작곡한 '합창 교향곡', '운명 교향곡', '엘리제를 위하여' 같은 노래들은 지금도 많은 사람들이 즐겨 듣는단다.

호호, 점심을 먹고 나니 살 것 같았어.
영심이가 주변에 맛있는 간식을
맛볼 수 있는 곳이 있다고 해서 따라갔지.
와아, 온갖 젤리로 가득한 가게잖아!
곰 모양 젤리, 과일 모양 젤리, 우왁, 저건 지렁이 모양 젤리네!
알고 보니 여기는 세계적으로 유명한 하리보 젤리의 본점이었어.
신난다! 잔뜩 먹어야지!

하리보 젤리

 하리보가 얼마나 유명한가요?

▶ 하리보가 만드는 젤리는 125종이 넘고, 세계 100여 개 나라에서 판매되고 있어. 젤리 하면 하리보를 떠올릴 정도로 전 세계 많은 사람들에게 사랑 받고 있단다.

독일을 대표하는 거대한 성당 **쾰른 대성당**

쾰른이 가까워지자 멀리 커다란 두 개의 탑이 보였어.

이렇게 멀리서도 보이다니 얼마나 큰 걸까?

"쾰른 대성당이란다. 독일에서도 유명하기로 손꼽히는 건물이지."

가까이에서 본 대성당은 더욱 장관이었어.

어찌나 크고 높은지 한눈에 들어오지 않을 정도였거든.

와, 이걸 짓는데 600년이 넘게 걸렸대. 정말 엄청나지?

- 아이고, 목 아파~
- 너무 커서 화면에 다 안 들어와!
- 일부러 어두운색으로 지은 건가?
- 앗!
- 원래는 밝은 색이었는데 전쟁 때 폭격과 매연으로 까맣게 됐지~
- 얘들아, 소매치기 조심해야 한다!

쾰른 대성당은 얼마나 높은가요?
▶ 무려 157미터나 돼. 하늘을 찌를 듯이 높이 솟은 탑이 인상적이지. 저렇게 지붕을 뾰족하게 만드는 건축 양식을 고딕 양식이라고 해.

계단을 따라 오르면 대성당 꼭대기에 있는 전망대까지 올라갈 수 있대!

당연히 올라가 봐야지!

"으으, 선생님. 계단이 왜 끝나지 않는 거죠?"

그야, 건물이 높으니까 계단도 엄청나게 많을 수밖에 없지! 아이고 힘들다~

제법 힘들었지만 전망대에서 쾰른의 풍경을 바라보니 무척 좋았어.

라인강을 따라 꼬물꼬물 오가는 배들이 귀여웠거든! 히힛~

쾰른 대성당은 언제 구경할 수 있나요?

▶ 쾰른 대성당은 쉬는 날 없이 아무 때나 무료로 입장할 수 있어. 하지만 전망대는 입장권을 따로 사야 올라갈 수 있단다.

우아! 초콜릿이다! 금세 눈이 번쩍 뜨였어.

우리는 지금 **초콜릿 박물관**에 와 있어.

초콜릿 박물관은 **초콜릿을 만드는 과정도 보고, 맛도 볼 수 있는** 신나는 곳이었지.

앗, 저게 뭐지? 초콜릿이 계속 쏟아져 나오잖아?

"하다야, 정신 차려! 달려들면 안 돼!"

윽! 정신을 놓고 초콜릿 분수에 얼굴을 들이밀려 했었지 뭐야~

초콜릿 만들기 체험

초콜릿 박물관에 다른 즐길 거리가 더 있나요?
▶ 초콜릿의 원료가 되는 카카오 나무를 실제로 볼 수 있고, 직접 초콜릿을 만드는 체험도 할 수 있어.

우리는 기차를 타러 쾰른역으로 향했어.
내일은 함부르크를 돌아보기로 했거든.
고속열차를 4시간만 타면 도착한대.
"어라, 기차표가 어디 갔지?"
엥? 기차가 출발했는데, 선생님이 다급히 주머니를 뒤졌어.
어쩌지? 기차표 없이 기차를 타면 벌금을 엄청 내야 한대!
그때 선애가 주머니 속에서 기차표를 꺼냈어.
기차표를 주머니에 넣은 채 깜빡 했었나 봐. 휴우, 다행이다!

독일의 초고속열차 ICE

 **기차표가 없어도 기차를 탈 수 있나요?**
▶ 응. 독일의 기차나 버스는 표가 없어도 그냥 탈 수 있어. 하지만 직원들이 간혹 검표를 하는데, 이때 걸리면 어마어마한 벌금을 내야 해!

용선생의 스페셜 가이드

알면 알수록 더 매력 있는 쾰른

쾰른에는 겨울에 열리는 축제가 두 개나 있는데 아쉽게도 이번 여행에서는 시기가 안 맞아 볼 수 없었어. 그래서 선생님이 예전에 독일을 여행했을 때 찍은 사진으로 쾰른의 또 다른 매력들을 보여주려 해. 같이 보도록 할까?

독일 최고의 크리스마스 축제! 크리스마스 마켓

크리스마스를 앞두고 11월 말부터 한 달 동안 열리는 행사야. 시내 광장에 간이 가게를 차려놓고 다양한 먹을거리와 장난감을 팔지. 쾰른 크리스마스 마켓에는 매년 400만 명이 찾는대.

렙쿠헨헤르츠

하트 모양의 쿠키! 크리스마스 마켓에서 판매하는 대표적인 간식이야. 목에 걸고 인증샷 찍기 딱 좋아!

글뤼바인

과일과 향신료를 넣고 따뜻하게 끓인 음료야. 원래는 와인으로 만드는데, 과일 주스로 만든 어린이용 음료도 있대.

새해를 맞이하는 기쁨! 쾰른 카니발

쾰른 카니발은 매년 11월 11일 오전 11시 11분에 시작되어 다음해 3월까지 이어지는 전통 축제야. 길고 추운 겨울을 이겨내고 봄을 맞이하자는 의미에서 다 같이 즐겁게 먹고 노는 축제지. 사람들은 각양각색으로 분장하고 나와 거리를 행진하며 축제를 즐긴단다. 쾰른 카니발은 특히 세계에서 손꼽히는 축제로 이름이 높아!

장미의 월요일 행진

쾰른 카니발 축제 기간의 마지막 월요일에 열리는 행사야. 시내를 가로지르는 기다란 행진 인파 때문에 가장 시끌벅적하지.

하늘에서 쏟아지는 초콜릿

행진을 하는 동안 거리에 초콜릿, 사탕 등 군것질거리를 잔뜩 뿌려!

꽃을 받은 사람들

색색깔의 꽃도 뿌려서 거리가 온통 꽃으로 물들지!

미로 찾기

쾰른 대성당 입구에서 전망대 꼭대기까지 올라가는 중!
그런데 길이 너무 복잡하네. 길 찾는 걸 도와줄래?

허영심, 생선 버거에 도전하다!

함부르크

알스터 호수 ▸ 함부르크 항구 ▸ 엘베 강변 ▸ 생선 버거 가게 ▸ 미니어처 원더랜드

독일 최대의 항구 도시 **함부르크**

즐거운 독일 여행 네 번째 날~ 오늘은 함부르크를 둘러보기로 했어.

길을 나선 지 얼마 지나지 않아 커다란 호수를 만났지.

"여기는 알스터 호수란다. 함부르크 시민들의 휴식처이지."

우리는 호수에서 운하*를 타고 함부르크를 여행하기로 했어. 신난다~

* 사람이 땅 위에 만든 물길

배를 타고 운하를 따라 내려가는 내내 좌우로 오래되고 아름다운 건물들이 보였어.

저건 함부르크 시청 건물이래. 시청이 어쩜 저렇게 아름답지?

마음에 쏙 들었어!

알스터 호수

함부르크 시청은 지어진 지 140년 정도 됐어~

지붕이 민트색이야~ 예쁘다!

형아, 무서워….

운하를 따라 어느 정도 내려왔더니, 커다란 배들이 보이지 뭐야?

"강에 배들이 엄청 많네요! 꼭 항구 같아요."

선생님이 웃으면서 여긴 항구가 맞다고 하셨어. 어머, 그렇구나?

함부르크는 세계적으로 손꼽힐 만큼 큰 항구 도시래.

이 항구 덕에 함부르크가 산업도 발전하고 인구가 많은 도시가 된 거지!

엘프 터널
강 밑을 지나가는 터널이야.
세계 최초로 건설됐대!

엘프 필하모니 극장
파도 모양의 독특한 지붕이 인상적인 극장이야.

항구 근처에는 큰 터널이 있었어. 강 아래를 지나 반대편으로 가는 터널이래.
터널 안에는 걷거나 자전거를 타고 오가는 사람들이 정말 많았지.
으음, 근데 저 번쩍거리는 건물은 대체 뭐람?
"저 건물은 엘프 필하모니 극장이란다. 각종 음악 공연이 열리는 곳이야."
모양이 특이하다 싶었는데, 버려진 벽돌 건물 위에 유리 벽을 쌓아 올렸다지 뭐야?
헤에, 아이디어가 좋은걸?

칠레 하우스
배 모양을 본 따서 지은 건물이야.
여러 회사와 가게가 들어서 있지.

슈파이허슈타트
옛날엔 창고로 쓰던 곳. 지금은 사무실이나
음식점, 카페로 사용하고 있어.

엘프 필하모니 극장 주변에는 붉은 벽돌 건물들이 정말 많았어.

"모두 오래돼 보이지? 옛날에는 창고로 쓰였던 건물들이란다."

그렇구나~ 이곳은 함부르크의 옛 모습을 살펴볼 수 있는 거리라서 의미가 깊대.

그래서 거리 전체가 유네스코 세계 문화유산에도 지정됐다고 하셨어.

으흠~ 사진 찍기 좋은 멋진 장소인 줄로만 알았는데,

의미 있는 곳이었구나!

저녁이 되자 선생님이 특별한 음식을 먹으러 가자고 하셨어.

"으악! 빵 사이에 생선이 있어!"

세상에! 비늘이 번쩍번쩍 빛나는 생선을 넣은 생선 버거를 파는 거 있지?

하지만 하다는 맛있다면서 하나를 금세 먹어 치우더라고.

나도 두 눈을 질끈 감고 한 입 먹어봤지.

으으, 시고 비리기만 한데 이게 맛있다고?

생선 버거

 생선 버거에는 어떤 생선이 들어가나요?

▶ 주로 소금에 절인 청어를 넣어. 청어는 독일의 북쪽 바다에서 많이 잡히는 생선인데, 오래 보관하기 위해서 절여서 먹게 됐지.

마지막으로 간 곳은 정말 재밌는 곳이었어. 바로 **미니어처 원더랜드**였지.
다양한 도시를 엄~청 작게 만들어 전시하는 곳이었어.
뉴욕의 '자유의 여신상'도 있더라고! **어라,** 저기는 서부 영화 세트장 같아!
손톱처럼 작은 사람과 건물들을 보고 있으니까 거인이 된 기분이었지.
"우아, 저건 진짜 공항 같은데? 비행기도 움직인다!"
정말 생생하게 꾸며놓아서 감탄이 끊이질 않았어.
히야~ 독일 사람들 손재주가
참 대단한걸?

미니어처 원더랜드

미니어처 원더랜드는 얼마나 큰가요?

▶ 둘러보기만 해도 서너 시간은 걸릴 정도로 커. 사람 모형의 피규어만 26만 개가 넘고, 모형 기차가 다니는 철로의 길이는 모두 15킬로미터나 되거든.

용선생의 스페셜 가이드

독일 사람들의 휴가

함부르크를 비롯한 독일 북쪽 지방은 바다를 끼고 있어서 여름 휴가지로 유명해. 여름이면 휴가를 온 사람들로 북새통을 이루지. 그럼 독일의 다른 지역은 어떤 휴양지가 유명한지 한번 알아볼까?

따뜻한 물 속에 몸을 담그는 게 제일이지!

독일 사람들은 **온천**을 즐겨 해. 비스바덴의 온천은 로마 시대부터 유명했지.

롤러코스터만 13개라고? 신난다!

독일의 **유로파 파크**는 유럽에서 가장 큰 놀이공원이야. 스릴 넘치는 테마파크를 찾는다면 이곳으로!

와아아~

독일 사람들이 가장 좋아하는 휴양지는 **바닷가**야! 무더운 여름이면 많은 독일 사람들이 북쪽 바다로 향하지.

뉘른베르크에 있는 **펀파크**는 어린이들을 위한 최고의 놀이터야! 블록을 이용해 다양한 놀이를 즐길 수 있지.

독일 사람들은 풍경이 좋은 곳을 걷는 걸 좋아해. **아름다운 산과 숲**이 많은 독일 남부 지방이 특히 인기란다.

꼬인 줄 풀기

아이들이 물고기를 잡으려고 낚시를 하고 있어.
그런데 물 속에서 줄들이 복잡하게 꼬였지 뭐야.
물고기를 잡은 아이는 누구인지 확인해 줘~ 아, 상어는 안 돼!

나선애, 클래식 공연에 푹 빠지다!

베를린 대성당 ▶ 페르가몬 박물관 ▶ 브란덴부르크문 ▶ 베를린 필하모니 음악당

독일의 수도 베를린

아침 일찍 독일의 수도, 베를린에 도착했어.

함부르크에서 고속열차를 타니 두 시간도 안 걸렸지.

"어휴, 정신없어. 사람이 엄청 많잖아?"

독일에서 사람이 제일 많이 사는 도시답게 베를린 중앙역도 무척 혼잡했지.

아차차, 얘들아 흩어지지 말고 잘 따라와~

이제 숙소에 가야 한다고!

숙소에 짐을 풀고 나오니 고풍스러운 건물이 한눈에 들어왔어.
저건 베를린의 대표적인 성당인 베를린 대성당이래.
"초록색 지붕이 너무 예쁘다~!"
영심이는 지붕이 예쁘다고 호들갑을 떨었지.
건물 앞 잔디밭엔 사람들이 옹기종기
앉아 쉬고 있었는데, 무척 평화로워 보였어.
성당 안도 예쁘다던데,
들어가 봐야지!

대성당 안 파이프 오르간과 제대

돗자리 펴고 쉬다 가면 안 될까?

어머, 베를린에도 예쁜 건물이 있네~

베를린 대성당 안에는 무엇이 있나요?

▶ 독일에서 가장 큰 파이프 오르간이 있고, 지하에는 베를린 지역을 다스리던 왕들의 무덤이 있어.

📍 화려한 고대 유물을 볼 수 있는 **페르가몬 박물관**

베를린 대성당 바로 옆에 유명한 박물관이 있었어. 바로 **페르가몬 박물관!**

박물관 안에는 으리으리한 문화재가 무척 많았지.

하지만 무엇보다도 **이슈타르의 문**이 가장 멋있었어.

세상에~ 저렇게 거대한 건물을 어떻게 박물관까지 가져온 거지!?

"으흠, 이 문은 2,500여 년 전에 만들어졌대~"

왕수재! 너도 방금 알게 된 거면서 너무 아는 척하는 거 아니니?

 이슈타르의 문은 독일의 문화재인가요?

▶ 아니, 옛 바빌로니아 제국의 유물이야. 지금의 이라크 땅에서 발굴해서 독일까지 가져온 거야. 옛날 유럽 국가들이 세계를 지배하던 제국주의 시대의 일이지.

페르가몬 박물관 주변에도 고풍스러운 건물이 정말 많았어.

그런데 알고 보니 이곳은 유명한 박물관이 모여 있는 섬이라는 거야!

"우리 박물관 섬에 있는 다른 박물관도 둘러볼까?"

박물관들은 하나같이 대단한 문화재와 작품으로 가득했어.

하루 종일 봐도 박물관 섬 전체를 둘러볼 수 없을 정도였지.

으으, 더 보고 싶었지만 다음 장소로 발길을 옮겨야만 했어. 박물관 섬, 안녕~

구 국립미술관
유명한 유럽 화가들의 미술 작품들을 소장하고 있어.

구 박물관
고대 그리스와 로마의 유물을 볼 수 있어.

보데 박물관
수백 년 전 유럽의 예술품들을 볼 수 있어.

페르가몬 박물관
멋진 고대 건축물들이 많아!

신 박물관
고대 이집트 유물을 둘러볼 수 있지.

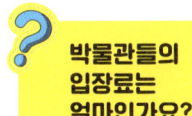 박물관들의 입장료는 얼마인가요?

▶ 약 24,000원이면 하루 동안 박물관 섬의 모든 박물관을 둘러볼 수 있어. 게다가 18세 미만은 무료로 입장할 수 있지.

베를린을 대표하는 건물 **브란덴부르크문**

어둑어둑해질 무렵 박물관 섬에서 나와 시내의 광장으로 갔어.
밝은 조명을 비춰 **반짝반짝** 빛나는 으리으리한 문이 우릴 반겨줬지.
이 건물은 **브란덴부르크문**! 베를린의 상징이래.
"오오, 멋있다! 사람들도 엄청 많은걸?"
문 앞의 광장은 관광객으로 가득했어.
　　베를린에 오면 다들 여기에 꼭 들러서 사진을 찍는다나 봐~
　　우리도 얼른 찍자! 다들 모여 봐!

> 문 위에 올라가 있는 조각상은 뭐예요?

> 승리의 여신이 이끄는 마차란다.

> 쯧쯧….

> 와, 엄청 넓어! 달리기 시합해도 되겠는걸?

다 다 다 다

브란덴부르크문이 왜 베를린의 상징인가요?
▶ 1791년에 완성된 이 문은 베를린과 역사를 함께했거든. 브란덴부르크문은 베를린이 둘로 갈라졌을 때, 동베를린과 서베를린의 경계였어.

세계적인 오케스트라 베를린 필하모닉

다음 장소로 가는 동안 가슴은 두근거리고 발걸음은 점점 빨라졌어.
저녁에 베를린 필하모닉의 공연을 보기로 했거든!
혹시나 표를 못 구할까봐 한국에서 예매까지 했다는 말씀~!
세계적인 오케스트라라는데, 과연 얼마나 멋있을까!?
"선애 덕분에 좋은 공연을 보겠네~"
헤헤, 다들 내 덕분인 줄 알라고!

공연장 모습은 독특했어.

계단 여러 개가 이리저리 복잡하게 얽혀 있었지.

공연장을 이렇게 **울퉁불퉁** 복잡하게 만들어야 음악 소리가 잘 전달된대!

앗, 지휘자가 단상 위에 올라왔어. 이제 연주를 시작하려고 하나 봐~!

쾅쾅쾅쾅~ 지휘에 따라 수십 명의 연주자가 일제히 음악을 연주했어.

정말 대단해! 웅장하다 못해 온몸이 울리는 것 같았지.

으이그~ 장하다! 지금 잠이나 잘 때가 아니야!

공연을 관람할 때 주의사항이 있나요?

▶ 복장은 정장이나 점잖은 옷을 입어야 하고, 사진 촬영은 할 수 없어. 또 공연을 시작하면 휴식 시간이 주어질 때까지 함부로 나가서도 안 돼.

용선생의 스페셜 가이드

젊음으로 붐비는 도시, 베를린

오늘 베를린의 고풍스러운 모습을 많이 살펴봤지?
하지만 베를린은 젊고 세련된 도시이기도 해.
신나게 음악을 즐길 수 있는 클럽, 예술가들이 활동하는 미술관과 거리,
쇼핑을 즐길 수 있는 현대적인 광장까지 다양한 매력을 찾아볼 수 있지.
하나씩 속속들이 살펴볼까?

베를린은 **클럽 문화**의 성지라는 놀라운 사실! 클럽 음악을 좋아하는 형, 누나들이 전 세계에서 베를린으로 몰려와. 그래서 테크노 같은 전자 음악도 매우 발전했대!

여기는 **알렉산더 광장**!
늘 많은 사람으로 붐비는 곳이야.
백화점, 음식점, 기념품 매장 등등
없는 가게가 없지~
게다가 교통도 편리해!
아, 저기 우뚝 솟은
TV타워는 독일에서
가장 높은 건축물이래!

TV타워

이곳은 **미테 지역**이야.
베를린에서 젊은 사람들이
가장 많이 찾는 예술의 공간이지.
작지만 세련된 가게와 개성 있는
갤러리, 멋진 카페들을
곳곳에서
만날 수 있대.

티어가르텐 공원은
베를린에서 가장 큰 공원이야.
축구장 200개를 합친 것보다
넓다고 하니 엄청나지?
베를린 시민들은 맑은 공기를
즐기기 위해 티어가르텐 공원을
자주 찾는대.
우리도 공원 속을 산책해볼까?

여긴 **포츠담 광장**이야.
번쩍번쩍, 으리으리한 빌딩들이
모여 있지. 세계적으로 유명한
베를린 영화제도 이곳에서 열려.
세련된 쇼핑몰과 레고랜드 등
즐길 거리도 많으니
놓치면 안 되겠지?

엉뚱한 물건 찾기

오케스트라 연주자들의 악기 몇 개가 없어졌대!
연주자들이 악기 대신 들고 있는
다른 물건 다섯 개를 찾아보자!

찾아야 할 물건 : 대파, 빗자루, 파리채, 우산, 토끼 인형

왕수재, 베를린이 갈라졌던 자리에 서다!

상수시 궁전 ▸ 연방의회 의사당 ▸ 체크포인트 찰리 ▸ 이스트 사이드 갤러리 ▸ 마우어 공원

포츠담에 위치한 여름 궁전 상수시 궁전

아침 일찍 기차를 타고 베를린 근처에 있는 도시 포츠담에 갔어.
아름답기로 유명한 궁전을 보러 가기로 했거든.
궁전 앞에는 포도 넝쿨이 무성하게 자란 푸른 정원도 있었지.
"정원이 계단식으로 돼 있네? 엄청 예쁘다~!"
호호, 영심이는 벌써 정원의 아늑한 분위기에 빠졌나 봐.

상수시 궁전의 내부 모습

왠지 낯설지 않아. 전생에 난 이곳의 공주였던 거야!

풋, 이곳의 정원사였나 보지~

베를린과 포츠담이 가까운가요?
▶ 베를린에서 기차를 타고 30분만 가면 포츠담에 도착해. 그래서 베를린과 함께 포츠담을 여행하는 사람들이 많아.

정원의 계단 끝에는 정말 멋진 궁전이 있었어.
노란색 벽과 둥근 청록색 지붕이 무척 잘 어울리는 건물이었지.
"여긴 상수시 궁전이란다. 여름이면 왕들이 휴가를 보내던 궁전이지."
선생님이 그러는데 '상수시'는 '근심이 없다'는 뜻이래.
마음 편히 쉬길 바라는 마음에서 이름을 그렇게 지었나 봐.

상수시 궁전은 누가 만들었나요? ▶ 프리드리히 대왕이 만들었어. 프리드리히 대왕은 옛 독일을 힘센 나라로 발전시킨 왕인데, 포츠담은 프리드리히 대왕의 군대가 머물던 곳이었지.

위에서 내려다본 회의장

궁전 구경을 마치고 베를린에 있는 연방의회 의사당에 갔어.

이곳은 독일의 국회의원들이 모여 회의를 하는 곳이래.

"어? 밑에 회의실이 보여요!"

응? 지붕에 올라가 보니 아래층을 향해 유리창이 나 있었어.

덕택에 아래층에서 회의하는 모습이 훤히 들여다보였지.

나랏일 하는 모습을 투명하게 보여주려고 이렇게 유리창을 만든 거래!

 지붕에는 아무 때나 올라갈 수 있나요? ▶ 연방의회 홈페이지에서 미리 예약을 해야만 올라갈 수 있어. 비용은 무료야.

베를린 장벽의 검문소 체크포인트 찰리

시내로 나오자 체크포인트 찰리라는 곳이 있었어.
옛날, 독일이 우리나라처럼 둘로 나뉘어 있었을 때는
수도인 베를린도 서베를린과 동베를린으로 갈라져 있었대.
그때 서베를린을 지키던 미국이 이곳에 검문소를 설치했다는 거야.
"어머, 그럼 지금도 독일은 두 개로 나뉘어 있는 건가?"

훗, 독일은 이미 30년 전에 통일해서
다시 하나가 됐다고~!

체크포인트 찰리 검문소에서 기념 촬영 하는 관광객들

독일은 왜 둘로 분단됐었나요?
▶ 제2차 세계 대전에서 진 독일은 연합국에 의해 점령당했어. 미국이 맡은 지역은 서독, 소련이 맡은 지역은 동독이 되며 둘로 갈라졌지.

미술관으로 변신한 베를린 장벽 이스트 사이드 갤러리

우리는 베를린을 갈라놓았던 베를린 장벽도 보러 갔어.

버스에서 내리자 내 키를 훌쩍 넘는 커다란 벽이 눈에 들어왔지.

이렇게 커다란 벽이 베를린 전체를 갈라놓았다니!

"벽에다 그림은 왜 그려놓은 거지?"

그러게. 장벽은 색색깔의 화려한 그림으로 장식돼 있었어.

그냥 누가 낙서한 거 같기도 하고…?

"우아, 엄청 높다~"

"높이가 얼마나 되냐면 말이야~"

"내가 더 잘 그리겠는걸?"

"흠, 그래도 세계 곳곳에서 온 유명한 화가들이 그린 건데…"

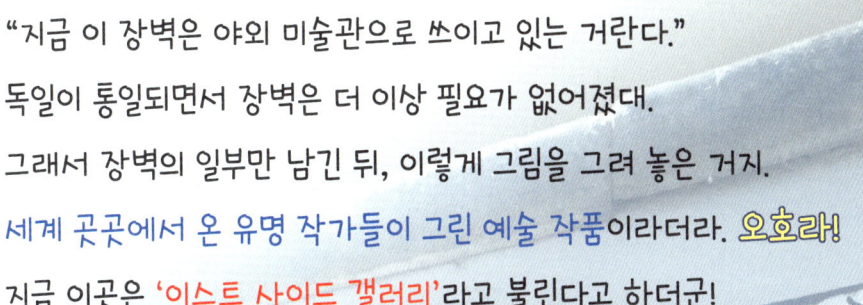

"지금 이 장벽은 야외 미술관으로 쓰이고 있는 거란다."
독일이 통일되면서 장벽은 더 이상 필요가 없어졌대.
그래서 장벽의 일부만 남긴 뒤, 이렇게 그림을 그려 놓은 거지.
세계 곳곳에서 온 유명 작가들이 그린 예술 작품이라더라. 오호라!
지금 이곳은 '이스트 사이드 갤러리'라고 불린다고 하더군!

재밌는 그림들이 많네~

저쪽으로 가보자!

베를린 장벽의 크기는 얼마나 되나요?

▶ 장벽의 높이는 3.6미터, 총 길이는 43킬로미터나 됐어. 현재 남아 있는 이스트 사이드 갤러리의 길이는 약 1.3킬로미터 정도 된단다.

베를린 장벽이 무너진 자리에는 공원도 생겼대. 바로 **마우어 공원**!

일요일이면 공원 옆길을 따라 벼룩시장이 들어서고,

야외무대에서 노래자랑도 열려서 많은 사람들이 찾는대.

장벽은 사라지고 평화의 무대만 남은 셈이지~

"우후훗, 선생님의 노래 실력을 보여줄까?!"

앗, 선생님! 참아주세요!!

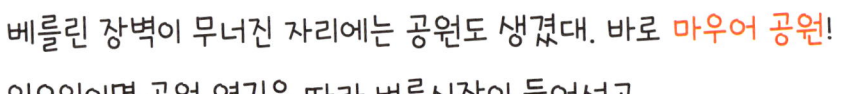

마우어 공원에서 열리는 벼룩시장

마우어 공원에서 또 무엇을 할 수 있나요?

▶ 음악 연주나 마술, 묘기 등 거리 공연을 곳곳에서 구경할 수 있어. 다양한 길거리 음식을 먹거나 공원에 누워 일광욕을 즐길 수도 있지.

독일의 소시지 요리 커리부어스트

저녁 먹을 때가 되자 선생님이 알아둔 가게가 있다며 앞장서셨어.
"흐흐, 그래도 베를린에 왔으면 커리부어스트를 먹어봐야지!"
커리부어스트는 한국의 떡볶이처럼 독일 사람들이 즐겨 먹는 음식이래.
소시지에 케첩과 카레 가루를 뿌려 먹는 간단한 음식이지!
으음, 맛이 색다른데? 더 먹어 보면 맛을 잘 느낄 수 있겠어.
앗, 장하다! 혼자 다 먹으면 어떡해!!

커리부어스트

- 커리부어스트 두 개 더 주세요!
- 간단한 음식인데도 인기가 많네~
- 이게 베를린에서 만들어진 음식이라고?
- 한 개만 더 먹는다며?
- 커리부어스트가 언제 만들어졌냐면 말이야~

커리부어스트는 어떻게 만들어졌나요?

▶ 1949년에 베를린에 살던 여성이 만들었어. 영국 군인으로부터 얻은 카레 가루를 활용한 간단한 요리였는데 무척 맛있어서 금세 베를린 곳곳에 널리 퍼졌지.

 용선생의 스페셜 가이드

 베를린 장벽을 넘어라!

베를린 장벽은 1961년부터 1989년까지 약 30년 동안 베를린을 둘로 갈라놓았어.
하지만 동베를린 사람들은 자유롭고 더 잘사는 서베를린으로 가고 싶어 했지.
그래서 다양한 방법으로 탈출을 시도했단다.
역사반 아이들이 만난 독일 친구들의 이야기로 생생하게 알아볼까?

우리 할머니는 **작은 가방 2개를 이어붙이고** 안에 들어가 탈출하셨어. 사람이 들어갈 수 있는 큰 가방들만 검사하다 보니 이렇게 작은 가방 속에 사람이 있을 거라곤 생각도 못한 거야!

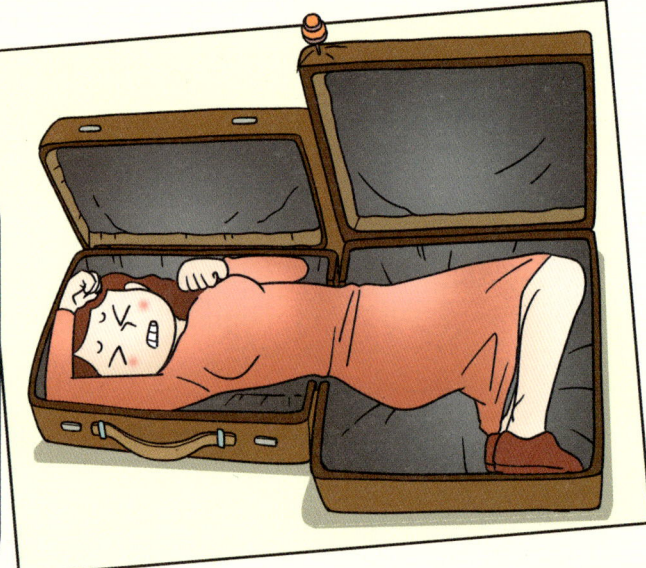

작은할아버지는 마치 서커스 묘기를 하듯이 베를린 장벽을 넘었어. 동베를린에서 장벽 너머 서베를린 건물에 로프를 연결했대. 그리고 **로프에 도르래를 연결해** 타고 넘어간 거지!

외할아버지는 친구들과 함께 **땅굴을 팠대.** 길이가 145미터나 됐다고 해. 그리고 이 땅굴을 통해 동베를린 사람 57명이 탈출했지. 베를린에는 이렇게 뚫은 땅굴이 70개나 있었대. 정말 놀랍지 않니?

우리 큰할아버지는 2명만 탈 수 있는 초소형 자동차를 개조해 **한 사람이 숨을 공간을 만들었어.** 자동차가 너무 작았기 때문에 검문소에서도 의심하지 않았지! 그래서 큰할아버지의 차에 숨어서 동베를린을 탈출한 사람이 정말 많았대.

우리 어머니는 **열기구를 타고 탈출했어.** 열기구는 외할아버지의 친구 가족과 함께 몇 달 동안 만들었지. 감시를 피해 한밤중에 하늘로 날아오른 열기구는 무려 20킬로미터를 날아간 뒤에 무사히 착륙했대. 그야말로 아찔한 탈출이었어!

인물 찾기

독일 국회의원들이 회의하는 모습을 지켜보는데
회의에 집중 안 하고 딴짓하는 의원들이 보여!
딴짓을 하는 일곱 명의 국회의원을 찾아보자!

곽두기, 드레스덴에서 끝없이 긴 벽화를 만나다!

드레스덴

● 프라우엔 교회 ▶ ● 드레스덴 시내 ▶ ● 아우토반

전쟁의 역사가 담긴 프라우엔 교회

우리는 드레스덴에 와 있어! 이곳은 아름다운 건물이 많기로 소문난 도시야.
광장에는 웅장한 프라우엔 교회가 서 있었어.
열심히 카메라에 교회의 모습을 담고 있는데 선생님이 슬쩍 말씀하셨지.
"프라우엔 교회를 잘 보렴. 하얀 돌과 검은 돌이 섞여 있지?"
앗, 그렇네요? 왜 여러 색의 돌을 섞어서 지은 거지?
선생님은 프라우엔 교회에 대한 이야기를 들려주셨어.

> 왼쪽 기둥은 아예 검은색으로만 돼 있어!

> 흠흠, 왜 검은색이 섞여 있냐면 말이야~

> 수재 형, 선생님이 설명해주신대~

약 80년 전, 독일은 이웃 유럽 나라들과 큰 전쟁을 벌였대.
전쟁이 끝나갈 무렵 드레스덴에 폭탄이 어마어마하게 많이 떨어졌고,
프라우엔 교회도 **폭삭** 무너졌었다는 거야.
독일 사람들은 무너진 교회를 원래 모습으로 다시 지으면서
검게 그을린 원래의 돌들을 가능한 한 그대로 다시 사용했대.
그래서 지금처럼 하얀 돌과 검은 돌이 섞여 있는 거였어!

이틀 동안 쏟아진 폭격으로 교회는 완전히 폐허가 됐단다.

조금 부서진 게 아니라 산산조각이 났었군요.

그래도 이렇게 옛 모습을 되찾다니 정말 대단하지 않아?

프라우엔 교회는 어떻게 복원되었나요?

▶ 드레스덴의 시민들은 무너진 돌에 하나씩 번호를 기록해 보관했어. 거기에 옛 사진들과 컴퓨터 그래픽 기술까지 이용해 복원 작업을 진행했지.

우리는 광장에서 벗어나 옛 거리를 구경하며 걸었어.

하나같이 오래되고 아름다운 건물들이 많았지.

그런데 여기 있는 건물들은 대부분 지은 지 얼마 안 됐다지 뭐야?

드레스덴은 폭격 때문에 도시 전체가 파괴됐었거든.

와, 이렇게 아름다운 도시가 복원으로 만들어진 거라니~

독일 사람들의 노력에 박수를 쳐 주고 싶어졌어!

드레스덴 폭격은 얼마나 심각했나요?

▶ 3일 동안 수십만 발의 폭탄이 떨어졌어. 수십 킬로미터 밖에서도 불길이 보였다고 해. 폭격으로 최소 2만 명 이상이 죽었지.

 ## 속도 제한이 없는 고속도로 아우토반

드레스덴에서 뮌헨으로 가기 위해 자동차를 탔어.
운전대를 잡은 선생님의 모습이 유난히 신나 보였지.
"하하, 아우토반을 달려보는 날이 올 줄이야!"
선생님께 아우토반이 뭐냐고 여쭤봤더니 독일의 고속도로래.
"아우토반은 특별한 점이 있나요?
고속도로는 우리나라에도 있잖아요."

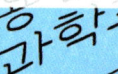 호호, 그럼 우리도 어디 한번 달려볼까?

 가장 안쪽에 있는 1차선은 앞질러 가려고 빨리 달리는 차들만 이용하거든~

 왼쪽 차선은 왜 안 쓰는 거지?

 야호~ 달려요!

 새근새근~

너무 빨리 달리면 사고가 많이 나지 않나요? ▶ 다른 나라들과 비슷하거나 오히려 더 적게 나는 편이야. 다들 교통 규칙을 잘 지키기 때문이지.

부우웅~

어휴, 이건 자동차 경주 대회가 아니라고!

선생님은 직접 보여주겠다고 말씀하시고 속도를 올리셨어. 헉, 시속 220킬로미터? 너무 빨라요! "호호, 아우토반은 이렇게 속도 제한 없이 빠른 속도로 운전할 수 있는 걸로 유명해." 그리고 아우토반은 다른 나라의 고속도로와 달리 승용차는 통행료를 내지 않고 무료로 이용할 수 있대. 힝, 선생님! 이제 잘 알겠으니까 속도 좀 줄여주세요! 무서워요!

어디서나 속도 무제한으로 달릴 수가 있나요?

▶ 그건 아니야. 많지는 않지만 속도 제한이 있는 구간도 있긴 해. 아우토반의 권장 속도는 기본적으로 시속 130킬로미터 정도래.

용선생의 스페셜 가이드

독일의 어두운 과거, 제2차 세계 대전

독일은 한때 전 세계를 상대로 전쟁을 벌인 적이 있어. 역사상 가장 많은 인명 피해를 낸 전쟁, 제2차 세계 대전이었지. 오늘 살펴본 드레스덴도 제2차 세계 대전 때의 폭격으로 폐허가 되었던 거란다. 그럼 독일의 어두운 과거, 제2차 세계 대전에 대해서 알아보자.

1 독일에서 나치당의 대표 **히틀러**가 권력을 잡았어. 히틀러는 독일을 전 세계에서 가장 강한 나라로 만들겠다고 주장했고, 달콤한 말에 넘어간 독일 국민들이 선거에서 나치당을 선택한 거란다.

2 히틀러의 나치당은 이웃 나라를 향해 전쟁을 선포했어. 그리고 군대를 이끌고 삽시간에 **유럽을 삼켜 나갔지.** 수많은 사람이 죽거나 다치고, 전쟁으로 고통 받았어.

3 나치는 유럽의 **유대인**들을 수용소에 가둔 뒤 죽였어. 유대인들이 열등한 민족이기 때문에 세계에서 사라져야 한다는 이유를 들면서 말이야! 10년도 안 되는 사이에 이렇게 죽은 유대인이 약 600만 명이나 된다고 해.

4 독일을 상대하기 위해 세계 여러 나라가 힘을 합쳐 **연합군**을 만들었어. 독일은 점점 궁지에 몰렸고, 히틀러가 자살하자 마침내 두 손을 들었지! 하지만 전쟁으로 희생된 사람들의 상처는 여전히 남아있었어.

5 전쟁이 끝난 후, 독일은 지금까지도 자신들의 잘못을 철저히 **반성**하고 있어. 독일의 대표가 무릎을 꿇으며 유대인 희생자들에게 **사과**를 하기도 했고, 자라나는 아이들에게도 어두운 역사에 대해 똑똑히 가르치고 있지.

잘못된 타일 찾기

'군주의 행렬' 벽화에 뒤집히거나 돌아가 있는 타일이 보이네!
잘못 들어간 타일들을 찾아볼까? **모두 일곱 군데야!**

허영심, 아름다운 왕관에 눈이 멀다!

뮌헨

성 베드로 성당 ▶ 레지덴츠 궁전 ▶ 빅투알리엔 시장 ▶ 국립 독일 박물관

독일 남부의 중심 도시 뮌헨

좋은 아침~! 이곳은 뮌헨이야! 오늘부터 이틀은 뮌헨에 있을 거래.
"그런데 뮌헨에는 왜 이틀이나 머무르는 거예요?"
선생님이 그러는데 뮌헨은 독일 남부를 대표하는 대도시래.
그래서 이틀 동안 돌아다녀도 부족할 만큼 볼거리가 무척 많다지 뭐야?
이틀 동안 이렇게 멋진 광경들을 볼 수 있다니, 정말 기대되는걸!

뮌헨 대성당

신시청사

하하, 저 건물은 초록색 양파가 올라가 있는 것 같아!

넌 건물도 먹을 걸로 보이는구나?

호호. 왼쪽에 있는 건물은 뮌헨 대성당이고, 정면에 있는 건물은 뮌헨의 신시청사란다.

우리는 뮌헨에서 가장 오래된 성 베드로 성당으로 발길을 옮겼어.
성당 꼭대기 전망대에 가면 시내를 한눈에 볼 수 있대.
"우아, 멀리까지 탁 트여있어요!"
뮌헨은 대도시라고 하셨는데? 의외로 높은 빌딩들은 거의 보이지 않았어.
대신 색색의 지붕이 덮인 아담한 건물들이 가득했지.
나지막한 옛 건물들이 가득한 거리를 내려다보니 마음이 편안해졌어!

속이 뻥 뚫릴 것처럼 시원한 풍경이야~

하나, 둘, 셋…. 건물들이 대부분 5층밖에 안 되네?

뮌헨 시내에는 왜 높은 건물이 없나요?

▶ 뮌헨 시내에서는 뮌헨 대성당보다 더 높은 건물을 짓지 못하도록 법이 정해져 있어. 아름다운 도시의 모습을 지키기 위해서지.

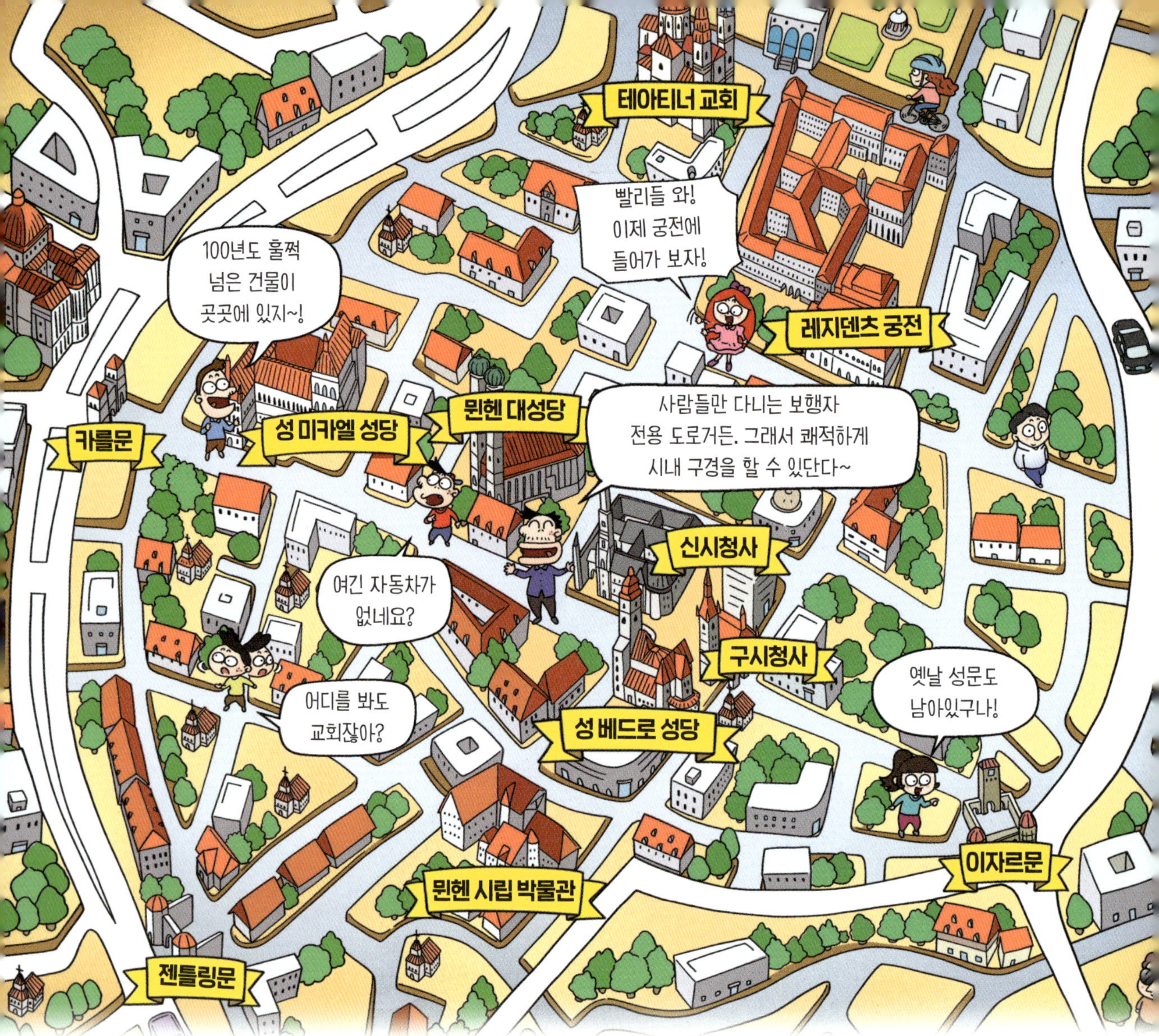

"어라? 여기도 교회가 있네?"

뮌헨 거리 곳곳에는 오래된 교회들이 무척이나 많았어.

알고 보니 뮌헨은 옛날 '바이에른 왕국'의 수도로 번성하던 도시래.

그만큼 사람도 많이 살았고, 교회도 많이 지어졌다는 거야.

이제 보니 시내를 둘러싼 성문들까지 고스란히 남아 있었어!

이야, 정말 역사가 깊은 도시였군~

앗, 그럼 왕들이 살던 궁전도 있을 것 같은데? 엄청 화려하겠지?!

바이에른 왕국은 어떤 나라인가요?

▶ 뮌헨을 수도로 삼아 독일 남부 일대를 다스렸던 나라야. 지금도 뮌헨과 그 인근 지방은 '바이에른주'라고 불린단다.

레지덴츠 궁전

옛 바이에른 왕국의 궁전이야. 화려한 예술품과 보석이 많은 걸로 유명해.

레지덴츠 궁전 박물관에 보관된 옛날 왕관

 바이에른의 번영을 보여주는 **레지덴츠 궁전**

"자, 그럼 레지덴츠 궁전을 둘러보도록 할까?"

오~ 드디어 궁전에 입장! 얼마나 으리으리한지 볼까!

큼지막한 보석으로 덮인 왕관과 예술품이 전시된 보석방, 아름답게 꾸며진 방들이 두 눈을 사로잡았지.

"왕들의 화려한 삶이 눈앞에 보이는 것 같아!"

아아~ 나도 공주로 태어났으면 참 좋았을텐데~!

 레지덴츠 궁전은 얼마나 큰가요?
▶ 오랜 세월 동안 계속 궁전을 확장해서 무척 넓어. 방만 300개가 넘어서 왕족들이 방을 찾다 길을 잃었단 이야기가 전해질 정도지.

뮌헨 최고의 전통 시장 빅투알리엔 시장

궁전에서 나와 걷다 보니 전통 시장에 도착했어.

이곳은 역사가 무려 200년이 넘는 뮌헨 최고의 시장이래!

"우아, 처음 보는 과일인데? 한번 사 먹어 볼까!"

시장에는 신선한 과일과 채소가 가득했어.

으흠~ 맛있는 냄새가 솔솔 나는 소시지? 치즈도 있네!

예쁜 꽃들이 가득한 꽃집과 아기자기한 기념품을 파는 가게도 보였지.

시장에 구경할 게 이렇게나 많을 줄이야! 선애야, 저기도 가보자~

 시장에서 어떤 음식을 먹어보면 좋을까요?

▶ 한국에선 보기 힘든 납작 복숭아를 먹어 보는 건 어떨까? 달콤한 향과 과즙이 가득해서 무척 맛있단다!

히히. 하다는 또 배가 고프다며 야외 테이블로 쪼르르 달려갔어.

"엥? 이건 소시지국인가?"

그러게? 하얀 소시지가 따뜻한 물에 담겨 나왔잖아!

선생님이 그러는데 이건 뮌헨의 전통 소시지인 바이스 부어스트래.

뜨거운 물에 살짝 데쳐 먹는 음식이라나?

달콤한 겨자랑 찰떡궁합~ 느끼하지 않고 무척 부드러웠어!

뮌헨의 전통 소시지인 바이스 부어스트

하다야, 물은 마시는 게 아니야. 따뜻하라고 넣어둔 거야!

바이스 부어스트는 어떻게 먹나요? ▶ 데친 소시지의 껍질을 벗기고 먹어. 껍질을 먹어도 되지만 질기기 때문에 보통 벗겨서 먹는다고 해.

국립 독일 박물관

오후에는 국립 독일 박물관으로 향했어. 선생님이 그러는데 여긴 과학, 기술을 주제로 한 박물관 중 세계에서 손꼽힐 정도로 큰 박물관이래.

"우아, 비행기가 엄청 많아!"

와! 비행기들이 천장에 주렁주렁 매달려 있지 뭐야? 그게 다가 아냐~ 실제 기차랑 배도 전시돼 있더라고.

헤헤, 다른 곳에는 또 무엇이 있을지 무척 기대되는걸~

박물관에는 즐길 거리도 다양했어. 화성에서 내 몸무게가 얼마나 되는지 잴 수도 있었고, 자전거 페달을 밟아 전기를 만들기도 했거든.

헥헥. 누가 전기를 가장 많이 만드나 시합을 했는데 다리 힘이 다 풀려버렸지 뭐야~

"대체 몇 층까지 있는 거지? 걷고 또 걸어도 끝이 안 보여!"

알고 보니 지하 1층부터 7층이 전부 박물관이었어!

세상에~ 오늘 다 둘러볼 수 있긴 할까?

독일은 과학이 발전한 나라인가요?

▶ 독일은 세계적인 과학 강국이야. 독일이 전쟁을 크게 벌일 수 있었던 이유 중 하나가 발전한 과학으로 무기를 만들 수 있었기 때문이지.

 용선생의 스페셜 가이드

전격 해부, 독일인의 식탁!

불에 구운 소시지, 카레 가루를 뿌린 소시지, 물에 데친 소시지······.
독일 사람들은 소시지만 먹는 것 같다고?
물론 소시지를 즐겨 먹지만 그밖에도 다양한 음식들을 좋아한단다.
독일인은 어떤 음식을 즐겨 먹는지 자세히 살펴볼까?

비너 슈니첼
고기를 얇게 펴서 튀긴 요리야. 오스트리아 요리인데 독일에서도 무척 즐겨 먹지. 돈가스와 비슷해!

굴라쉬
고기와 야채로 만든 매콤한 수프야. 헝가리에서 처음으로 먹기 시작했는데 독일에서도 무척 즐겨 먹는 요리지.

브레첼
굵은 소금이 박힌 고리 모양의 독일 빵이야. 뮌헨 등 독일 남부 지역에서 주로 먹어.

98

자워크라우트
독일식 김치야. 양배추를 소금에 절여 발효시킨 음식이지. 주로 소시지나 고기에 곁들여 먹어.

플람쿠헨
언뜻 보면 피자와 비슷한 요리야. 얇고 넓적한 반죽에 베이컨과 야채를 얹고 구워서 만들지.

카르토펠 잘라트
차가운 감자샐러드야. 따뜻한 감자볶음 못지않게 독일에서 많이 먹는 감자 요리지.

아펠쿠헨
사과로 만든 독일의 전통 케이크야. 사과를 얇게 잘라 빵 위에 듬뿍 얹어 만드는데, 새콤달콤한 맛이 일품이지.

장소 찾기

오늘 뮌헨에서 갔던 곳에 대한
설명을 보고 알맞은 장소와 연결해 줘!

 하얀 소시지와 과일, 채소 등 먹을거리가 많았지! 츄릅~

 뮌헨 대성당

 성당 전망대에서 바로 앞에 보이던 건물이 멋있었어.

 신시청사

 여러 가지 과학 체험을 할 수 있어서 좋았어!

 레지덴츠 궁전

 왕들이 살았던 화려한 궁전이 나랑 잘 어울리지 않아?

 빅투알리엔 시장

 초록색 양파처럼 생긴 두 개의 탑을 다시 보고 싶어~

 국립 독일 박물관

장하다, 독일 축구 경기에 열광하다!

뮌헨

님펜부르크 궁전 → 테레지엔비제 광장 → 영국 정원 → 알리안츠 아레나

바이에른의 여름 궁전 님펜부르크 궁전

오늘은 뮌헨 둘째 날! 또 다른 궁전에 가보기로 했어.

이름은 님펜부르크 궁전! 바이에른의 왕들이 여름에 머물던 궁전이래.

궁전에는 큰 운하가 있어서 작은 배를 탈 수도 있었어. 헤헤~ 재밌다!

"저 앞에 보이는 건물이 님펜부르크 궁전이란다."

음~ 깔끔하긴 한데 겉보기에 엄청 화려해 보이는 궁전은 아니었어. 하지만 안은 뭔가 다르지 않을까?

"어머나, 아름다워라~"

히히. 궁전 안을 돌아보는 내내 영심이가 호들갑을 떨었어.

예상대로 궁전 안은 겉모습과 달리 아기자기하면서도 화려했거든.

천장에 멋진 그림을 그린 방도 있었고, 부엌에도 벽화가 가득하더라고!

"역시 왕들이 살았던 궁전은 달라도 뭔가 달라~!"

 독일에는 도시마다 멋진 궁전이 있네요? ▶ 예전에는 독일이 수백 개의 크고 작은 나라로 나뉘어져서 지역마다 왕이 있었거든. 독일은 불과 150여 년 전에야 한 나라로 통일이 됐단다.

독일의 세계적인 축제 옥토버페스트

선생님이 꼭 갈 곳이 있다고 하시며 우리를 이끌었어.

지금 뮌헨의 테레지엔비제 광장에서 엄청난 축제가 열리고 있다는 거야!

이름하여 옥토버페스트! 세계적으로 유명한 맥주 축제래!

"맥주 축제? 그럼 우리는 별 볼일 없는 거 아니에요?"

그런데 예상과는 달랐어! 시내 한복판에 커다란 놀이 기구가 들어서고,

사람들이 발 디딜 틈도 없이 모여들었지 뭐야!

야호~ 신난다!

제대로 놀아볼까~!

끄으으, 내려줘!

꺄아아아

야호~ 하늘을 날고 있어!

이 정도면 놀이공원이나 다름없는데?

여긴 뭐하는 곳인데 사람들이 줄을 서있어요?

흐흐, 맥주와 음식을 파는 대형 텐트란다.

헤헤, 역시 축제의 꽃은 간식이지!

옥토버페스트의 놀이기구들은 일 년 내내 운영하나요?
▶ 놀이기구들은 축제 기간에만 탈 수 있어. 축제 직전에 설치를 했다가 축제가 끝나면 바로 철거하지.

광장 곳곳에는 거대한 천막들이 있었어.
저 안에서 맥주와 음식을 먹으면서 축제를 즐기는 거래.
한참 놀고 나니 마침 다들 배가 고파서 천막에 들어가 자리를 잡았어.
선생님이 자신 있게 주문을 하셨지. 그런데 나온 음식이… 엥? 이건 족발?
"이건 슈바인스학세란다! 독일식 족발 요리지."
냠냠, 껍질이 바삭바삭한 게 특이한데? 하나 더 시켜요!

독일식 족발 요리 슈바인스학세

맥주잔을 한 번에 몇 개나 들고 옮기나요? ▶ 종업원들은 한 손에 여섯 개씩, 평균 12잔 정도는 거뜬히 들고 옮긴대. 무게로 치면 30킬로그램에 가까운 수준이지!

"자~ 다음은 자전거를 타고 뮌헨을 돌아볼 거야. 준비됐니?"

그럼요~ 헬멧에, 보호대까지 준비 완료!

선생님이 그러는데 뮌헨은 평지가 많은 도시라 자전거 타기가 좋대.

자전거 전용 도로도 많아서, 자전거만 타도 얼마든지 관광이 가능하다는 거야.

찌르릉~ 내가 일등이다! 헤헤, 다들 잘 따라오라고~

뮌헨 자전거 도로 모습

자전거 전용 신호등도 있어요?

▶ 자전거 전용 신호등뿐만 아니라 자전거 전용 교통 표지판의 종류도 무척 많아.

영국 정원에서 파도타기를 기다리는 모습

자전거로 유유히 시내를 돌다 보니 엄청나게 넓은 공원에 도착했어.

"흐흐, 여긴 영국 정원이란다. 잠깐 쉬었다 갈까?"

독일에 웬 영국 정원? 알고 보니 영국식으로 꾸민 공원이라 그런 이름이 붙었대!

크크, 신기하다!

공원에는 산책을 하는 사람도 많고, 햇볕을 쬐며 휴식을 즐기는 사람도 많았어.

오잉? 저 사람은 파도타기를 하고 있잖아!

 공원에서 어떻게 파도타기를 해요? ▶ 강물이 빠르게 흘러서 큰 물살이 치는 곳이 있거든. 공원은 파도타기를 하려고 줄을 선 사람들, 그걸 구경하는 사람들로 늘 북적이지.

 ## 축구 경기장 **알리안츠 아레나**

앗싸, 이제는 축구를 볼 시간이야!

우리는 뮌헨의 축구 경기장, 알리안츠 아레나로 향했어.

"경기장이 빨갛게 빛나고 있어요!"

선생님이 그러는데 뮌헨의 경기장은 카멜레온처럼 색이 바뀐대.

경기가 있는 날엔 빨간색, 특별한 날에는 초록색으로 바뀌기도 하고 때로는 무지개색으로 바뀌기도 한다네!

붉게 빛나는 알리안츠 아레나

와 SuperBayern~!!

와 Mia san mia!!

와 뮌헨!!

맞아요! 손흥민의 나라, 한국에서 왔어요!

쏜?

독일 사람들 평소엔 점잖더니 축구 볼 땐 엄청 열정적이네~

그러게 말이야~

경기가 없는 날에도 들어갈 수 있나요? ▶ 따로 축구 박물관과 경기장 투어 프로그램이 있으니 언제든 갈 수 있어.

 용선생의 스페셜 가이드

세계적인 축제, 옥토버페스트

오늘 옥토버페스트는 즐겁게 구경했니?
옥토버페스트는 세계적인 축제라서, 아직 들려주지 못한 이야기들이 엄청 많단다.
지금부터 옥토버페스트에 얽힌 재밌는 이야기들을 들려주려 해~
귀를 쫑긋 세우고 이리 모여 봐!

옥토버페스트는 어떻게 시작됐어요?

200여 년 전, 뮌헨에서 바이에른 왕자의 결혼을 축하하는 행사가 열렸어. 이 행사에 많은 사람이 몰리며 매년 열리는 큰 축제가 됐단다. 사람들이 모여드니 맥주와 음식을 팔았고, 규모가 점점 커지면서 지금처럼 세계적인 축제가 된 거지. 원래 매년 10월에 열려서 10월 축제란 뜻의 옥토버페스트라 불렀는데, 지금은 사람들이 더 즐길 수 있게 따뜻한 9월에 열린단다~

옥토버페스트엔 얼마나 많은 사람들이 모이는 거죠?

2019년 옥토버페스트에는 모두 **630만 명**이 찾아왔다고 해! 뮌헨에 사는 사람들보다 4배는 더 많은 사람들이 몰려든 거지. 독일 사람들 말고도 세계 여러 나라에서 많은 사람들이 옥토버페스트를 즐기러 찾아와! 유럽과 남미, 아시아, 아프리카까지 모두 55개 나라에서 찾아왔다고 해.

 맥주와 음식을 먹는 천막은 얼마나 큰가요?

천막은 뮌헨의 맥주 회사들이 세우는데, **1만 명**이나 들어가는 거대한 천막도 있어. 크고 작은 천막이 30여 개나 있는데 예약을 하지 않으면 들어가기 힘들 정도로 인기가 무척 많아. 천막에선 맥주와 음식만 먹는 게 아니야. 흥겨운 공연도 열리고, 다 같이 노래를 부르기도 해!

 축제 기간 동안 맥주는 얼마나 마시는 건가요?

축제 기간 동안 사람들이 마신 맥주는 모두 **730만 리터**야! 올림픽 경기장 크기의 수영장 3개를 채울 수 있을 정도의 양이지. 맥주는 1리터짜리 옥토버페스트 전용 맥주잔인 '마스'에 담아서 마셔. 사람들은 "프로스트!"라고 외치며 건배를 하지.

 옥토버페스트에서 사람들이 입는 멋진 옷은 뭐예요?

'**레더호제**'와 '**디른들**'이라고 해. 독일 남부와 이웃 나라에서 입는 전통 의상이지. 남자들이 입는 가죽 바지가 레더호제인데, 원래는 사냥꾼이나 농민들이 편하게 입는 옷이었지. 디른들은 농사를 하거나 일을 할 때 여자들이 편하게 입는 옷이었어.

인물 찾기

축구 경기가 끝났는데 아이들이 안 보이네?
관중석 곳곳에 흩어진 아이들을 찾아줘!

왕수재, 독일에서 가장 높은 곳에 오르다!

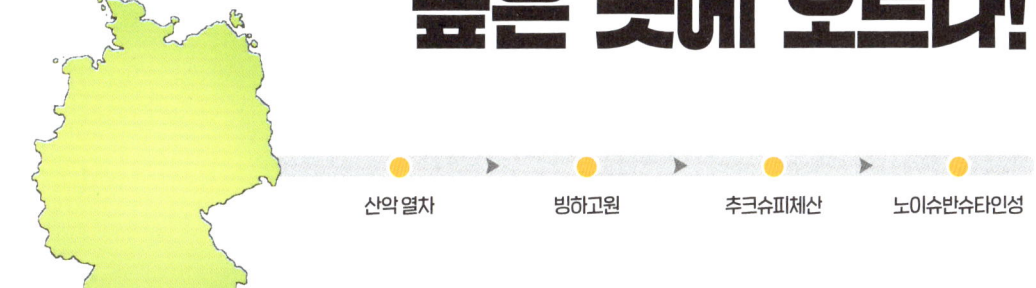

바이에른 남부

산악 열차 ▶ 빙하고원 ▶ 추크슈피체산 ▶ 노이슈반슈타인성

독일에서 가장 높은 산 **추크슈피체산**

오늘은 독일에서 가장 높은 산에 가기로 했어. 그 이름은 추크슈피체산!
뮌헨에서 기차를 타고 1시간 정도 가자 한적한 시골 마을에 도착했지.
여기서 다시 산악 열차로 갈아타야 한대. 아이고, 피곤해라~
열차는 들판과 숲을 지나 점점 높은 곳으로 올라갔어.
그리고 산 중턱에 있는 터널 안에 들어가더니 계속 올라가는 거야!
"와, 눈이다! 가을인데도 눈이 있네?"
열차에서 내리자 사방이 온통 눈밭이었어.
세상에~!

- 정상
- 빙하고원
- 아이브 호수
- 기차역

높은 산을 오르는 산악 열차

올라가면서 숲이 점점 우거지고 있어.

난 귀가 점점 먹먹해지는데? 아아~~~

얼마나 높은 산이죠?

백두산보다도 높은 산이란다~

열차가 어떻게 산꼭대기까지 올라가나요?
▶ 철로에 톱니로 된 레일이 있어서 열차가 가파른 경사를 올라갈 수 있어.

"눈썰매 타러 가자!"

갑자기 웬 눈썰매? 선생님이 그러는데 여기는 고도가 높아서 일 년 내내 눈이 녹지 않는대. 그래서 여름에도 눈썰매를 탈 수 있다네?

"달려라! 달려! 헤헤~ 신난다."

와! 벌써 시간이 이렇게 됐나~? 시간 가는 줄 몰랐네~

― 선생님, 이제 가야 되는 거 아니에요?

으으, 다들 썰매 타느라 정신이 없잖아?

? 스키는 탈 수 없나요? ▶ 스키는 눈썰매와 다르게 눈이 많이 쌓이는 겨울철에만 탈 수 있어.

정상까지 가려면 다시 케이블카를 타야 했어. 엥, 여기가 정상이 아니었어?
우리가 올라갈 추크슈피체산은 높이가 2,962미터나 된대. 백두산보다 높잖아?
그렇게 어마어마하게 높은 곳에 올라갈 생각을 하니 기분이 짜릿했어!
"애들아, 눈앞의 풍경을 보렴. 정말 멋있지 않니?"
이야~ 앞에 펼쳐진 풍경은 정말 장관이었어.
지평선 끝까지 높은 산봉우리들이 펼쳐지고, 발아래로 구름이 흘렀지!
"두기야 뭐해, 빨리 사진 찍어야지!"

수재 형, 떨지 말고 자세 잡아봐~

여기가 독일에서 제일 높은 곳이란 말이지?

으으, 정… 정상이다!

정상에서 뭘 할 수 있나요?

▶ 기념품 가게와 식당이 있는 건물이 있어. 건물 옥상에는 전망대도 있어서 편하게 경치를 둘러볼 수 있지.

우리는 케이블카를 타고 산을 내려가기로 했어.

으아아~ 그런데 이거 왜 이렇게 빨라? 이러다가 쑥 떨어지는 거 아냐?

"수재 얼굴 좀 봐! 무서워서 오줌 싼 거 아냐?"

흥, 조금 긴장했을 뿐이라고!

잠시 뒤 케이블카는 커다란 호수 옆에 내렸어. 휴~ 살았다!

울창한 숲이 호수를 둘러싸고 있었는데, 무척이나 아름다웠지.

우린 잠시 호숫가를 걸었어. 맑은 호수를 보니 기분까지 상쾌하구먼!

아이브 호수에서 물놀이하는 사람들

우아, 호수가 엄청 예뻐요!

흐, 독일 남부에는 저런 호수들이 많단다. 바다처럼 널따란 호수도 있어서 물놀이하기에 좋지.

으아아~ 떨어진다!

야호~ 내려간다~!

둘 다 조용히 해!

아이브 호수는 어떻게 만들어졌나요?

▶ 추크슈피체산의 눈이 녹아서 만들어졌어. 그래서 물이 무척 투명하고 맑아. 주변 풍경이 거울처럼 비치기도 하지.

117

아름답기로 소문난 노이슈반슈타인성

마지막으로 들른 곳은 헉 소리가 나올 만큼 예쁜 성이었어. 이름하여 바로 노이슈반슈타인성! 절벽 위에 우뚝 솟아있는 모습이 꼭 한 폭의 그림 같았지.

"꼭 동화 속에 나오는 성 같아요!"

알고 보니 동화나 만화 속 성 중에는 정말로 이 성을 보고 따라 그린 것들도 많대. 어쩐지~

"얘들아, 이 성에 얽힌 재미난 얘기 하나 들려줄까?"

노이슈반슈타인성
바이에른의 왕이 1869년부터 약 20년 동안 세운 성이야. 그림처럼 아름답기로 유명하지.

어디서 본 것 같은데?

디즈니 만화 영화에서 본 성이랑 비슷해!

안도 구경하고 싶어! 어서 들어가 보자~

선생님이 그러는데, 이 성은 바이에른의 왕이 취미로 지은 성이래. 헐!
아름다운 건물을 너무 좋아해서 이런 성을 다섯 개나 지으려고 했다지 뭐야.
왕은 취미에 빠져 성만 짓느라 돈을 너무 많이 쓰고 나랏일엔 신경도 쓰지 않아서
결국 자리에서 쫓겨났다고 하더라고.
이렇게 아름다운 성에 그런 이야기가 숨어 있었구나~
호호, 독일 여행은 마지막까지 흥미진진했어!

여긴 왕이 일을 하거나 공부하던 곳이야~

왕도 공부를 해요? 그럼 전 왕 안 할래요~

에헴, 여긴 음악을 연주하고 감상하기 위해 만든 곳이지~

No Photo! (사진 찍으면 안 돼요!)

엄청 화려하네~ 여긴 뭐하는 곳이지?

노이슈반슈타인성은 무슨 뜻인가요?
▶ '백조의 성'이란 뜻이야. 왕이 좋아하던 백조처럼 하얗고 아름다운 성을 만들기 위해 그렇게 이름을 지었지.

모르고 지나가면 아쉬운 독일의 도시들

즐거웠던 독일 여행도 이제 끝~
그런데 사실 독일에는 우리가 둘러본 곳들 말고도
다양한 매력을 갖춘 멋진 도시들이 많이 있단다.
독일을 떠나기 전에 놓치면 아쉬운 도시들을 소개해줄게!

시간이 멈춘 듯한 도시, 로텐부르크

수백 년 전 중세 시대 모습을 고스란히 간직하고 있는 도시야. 그래서 일 년에 100만 명이 찾는 관광 명소이기도 해. 시간 여행을 하고 싶다면 로텐부르크로 고고~

녹색 도시, 프라이부르크

프라이부르크는 **세계적으로 유명한 친환경 도시**야. 도시에 필요한 에너지는 태양열과 바람을 이용해 생산하고, 승용차보다 자전거와 대중교통을 이용하는 게 더 편리한 도시로도 잘 알려져 있어.

자동차의 도시, 슈투트가르트

슈투트가르트는 **공업이 발달한 도시**야. 세계적으로 유명한 자동차인 벤츠와 포르쉐의 본사가 이곳에 있지. 자동차 박물관도 운영하고 있어서 멋진 차들을 마음껏 구경할 수 있어.

고대 로마 도시, 트리어

트리어는 **독일에서 가장 오래된 도시**야. 특히 성문과 목욕탕, 원형극장 등 고대 로마의 유적이 고스란히 남아있어 유네스코 세계 문화유산으로 지정돼 있단다.

동화의 도시, 브레멘

브레멘은 **독일 북부의 대표적인 상업 도시** 중 하나야. 동화책 《브레멘 음악대》에 나오는 도시로 잘 알려져 있지. 동물들이 음악을 하기 위해 찾아가던 동화 속 모습처럼, 예로부터 자유롭고 멋진 도시였어. 지금도 브레멘은 풍요롭고 아름다운 도시로 유명해~

숨은 단어 찾기

독일에서 함께 한 여행은 즐거웠니?
아래 표에는 우리가 열흘 동안 독일을 둘러보며 알게 된 단어가 숨겨져 있어.
모두 합쳐서 10개야. 함께 찾아볼까?

도	파	이	히	디	본	베	토	벤	추
리	로	미	옥	비	샤	를	로	테	키
시	아	우	토	반	칼	린	스	츠	뮌
멘	한	콘	버	체	부	이	펜	카	헨
악	투	비	페	사	티	벌	테	어	리
손	드	레	스	덴	쿠	피	카	추	풀
고	큐	지	트	사	함	부	르	크	버
라	베	스	몬	텔	바	파	트	슈	라
인	지	린	치	①괴	테	슐	옴	피	이
강	쿤	페	하	티	슬	츠	마	체	티

❶ **독일의 유명한 작가**야. 대표작으로 〈파우스트〉, 《젊은 베르테르의 슬픔》이 있어.

❷ **독일의 유명한 음악가**야. 본에서 태어났지.

❸ 본과 쾰른이 있는 **독일의 서부 지역을 흐르는 강**의 이름은?

❹ **독일 북부의 항구 도시**로 엘프 필하모니 극장 건물이 있는 곳은?

❺ **독일의 수도**야. 두 개의 도시로 나뉘었다가 다시 하나가 됐지.

❻ 전쟁 때 **폭격으로 크게 파괴됐던 독일의 도시**. 츠빙거 궁전이 여기 있어.

❼ **독일의 고속도로**를 가리키는 말이야.

❽ 국립 독일 박물관, 영국 정원이 있는 **독일 남부의 도시**.

❾ 독일에서 열리는 **세계적인 맥주 축제**의 이름은?

❿ **독일에서 가장 높은 산**의 이름은?

안녕~ 독일!

여행은 즐거웠니?
여행하며 배운 내용을 다시 한번 확인해 볼까?

퀴즈로 정리하는 독일

독일 땅은 어떻게 생겼을까? — 지리

다음 문장을 읽고 옳은 것에는 O, 틀린 것에는 X에 동그라미를 쳐 보자.

1 독일은 산과 숲이 거의 없는 나라야. (O , X)

2 독일은 영국과 프랑스 사이에 위치한 나라야. (O , X)

3 유럽 한복판을 흐르는 라인강은 독일의 주요 교통로야. (O , X)

독일은 어떤 역사를 가지고 있을까? — 역사

보기 에서 알맞은 단어를 찾아 빈칸에 써 보자!

보기 동독, 연합군, 서독, 아우토반, 바이에른, 프리드리히, 히틀러, 오스트차일레

4 독일은 1949년에 (   )과 (   )으로 갈라졌어. 41년 동안 갈라져 있었던 독일은 1990년에 통일을 이루었지.

5 포츠담에 있는 상수시 궁전은 (   ) 대왕이 만들었어. 옛 독일을 힘센 나라로 발전시킨 왕이지.

6 독일을 전 세계에서 가장 강한 나라로 만들고 싶었던 (   )는 제2차 세계 대전을 벌였어. 이 전쟁은 역사상 가장 많은 인명 피해를 낸 전쟁이었지.

문화

독일 사람들은 어떤 모습으로 살아갈까?

다음 문장을 읽고, 알맞은 답을 골라 보자.

7 (　　　　　　　)는 한때 베를린을 갈라놓았던 장벽이었는데, 지금은 야외 미술관으로 쓰여.
　① 칠레 하우스　　② 오스트차일레　　③ 이스트 사이드 갤러리

8 (　　　　　)은 독일을 대표하는 성당으로, 고딕 양식 지붕으로 유명해.
　① 쾰른 대성당　　② 뮌헨 대성당　　③ 베를린 대성당

9 (　　　　　)은 독일에서 열리는 세계에서 가장 규모가 큰 도서 박람회야.
　① 뮌헨 도서전　　② 뉘른베르크 도서전　　③ 프랑크푸르트 도서전

10 (　　　)은 굵은 소금이 박힌 고리 모양의 독일 빵이야. 전 세계 사람들도 즐겨 먹는 간식이지.
　① 브레첼　　② 마트료시카　　③ 부어스트

경제

독일은 어떤 산업이 발달했을까?

독일 경제에 대한 설명을 읽고, 알맞은 단어에 동그라미를 쳐 보자.

11 (함부르크 / 프랑크푸르트)는 유럽 경제와 교통 중심지라서 은행과 기업이 많아.

12 독일은 (자동차 / 항공) 산업이 발달했어. 독일 남부 슈투트가르트에는 세계적으로 유명한 벤츠와 포르쉐의 본사가 있지!

정답

1일

2일

3일

4일

5일

6일

7일

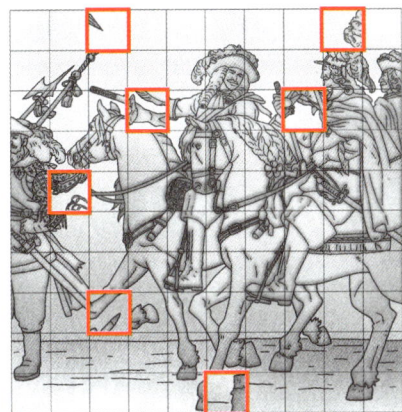

8일

9일

10일

> 나도 곳곳에 숨어 있었는데, 찾았니? 몰랐다면 다시 한번 살펴봐~

퀴즈로 정리하는 독일 <정답>

1 X	2 X	3 ○	4 동독, 서독
5 프리드리히	6 히틀러	7 ③	8 ①
9 ③	10 ①	11 프랑크푸르트	12 자동차

〈사진 제공〉

[셔터스톡] S-F, VanderWolf Images, Mahony, Shu Ba, Ana del Castillo, MDart10, ilolab, Ewa Studio, ying tang, ackats, Mattis Kaminer, PlusONE, s4svisuals, Eddy Galeotti, Massimo Todaro, TK Kurikawa, Noppasin Wongchum, Yuri Turkov, Matthias Wehnert, PHOTOCREO Michal Bednarek, hanohiki, Mistervlad, Buffy1982, 1AdesiA1, Artorn Thongtukit, Pero Mihajlovic, Alberto Masnovo, Wagner Santos de Almeida, Andrey Shcherbukhin, anahtiris, Timo Nausch, Alexandre Rotenberg, Steve Allen, Jazzmany, Shamsiya Saydalieva, Patryk Kosmider, Oleg GawriloFF, Peter Fuchs, N.M.Bear, Lestertair, anandoart, Claudio Divizia / [위키피디아] Bin im Garten, Benreis, JosefLehmkuhl, JasonParis, Stefan Brending, dronepicr, Adiel lo, Guido Radig, Superbass, J.-H. Janβen, GeoTrinity, Ashwin Kumar, Avda, Baden de, Toksave, Radomir Vrbovsky, re:publica, Erich Braun, Maja Dumat, Massimop, Yelkrokoyade, Mangan02

※ 퍼블릭 도메인은 따로 표기하지 않았습니다.

용선생이 간다 : 독일
세계 문화 여행 ⑤

1쇄 발행 2020년 10월 26일
5쇄 발행 2024년 3월 15일

글 사회평론 역사연구소
그림 강신영
자문 및 감수 유상현
캐릭터 이우일
어린이사업본부 이승필
편집 송용운, 김언진
마케팅 조수환, 홍진혁
경영지원 나연희, 주광근, 오민정, 정민희, 김수아, 장재민
디자인 박효영
조판 디자인 톡톡

펴낸이 윤철호
펴낸곳 ㈜사회평론
전화 02-326-1182
팩스 02-326-1626
주소 03993 서울시 마포구 월드컵북로6길 56 사평빌딩
용선생 클래스 yongclass.com
출판등록 1993년 10월 6일 제10-876호

ⓒ 사회평론, 2020

ISBN 979-11-6273-133-8 77900

* 이 책 내용의 일부나 전부를 다시 사용하려면 저작권자와 사회평론의 동의를 받아야 합니다.
* 잘못 만들어진 책은 구입하신 곳에서 바꾸어 드립니다.

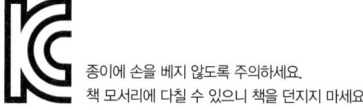
종이에 손을 베지 않도록 주의하세요.
책 모서리에 다칠 수 있으니 책을 던지지 마세요.